D1984627

Sarah Bosse

Kunterbunte Ponygeschichten

Mit Bildern von Katja Kersting

arsEdition

Bibliografische Information Der Deutschen Bibliothek

Die Deutsche Bibliothek verzeichnet diese Publikation
in der Deutschen Nationalbibliografie;
detaillierte bibliografische Daten sind im Internet über
http://dnb.ddb.de abrufbar.

Lesedidaktische Beratung: Prof. Dr. Manfred Wespel

5 4 3 2 1   07 06 05 04

Titelbild und Innenillustrationen: Katja Kersting
Titelvignette: Carola Holland
Einbandkonzeption: Ralph Bittner
ISBN 3-7607-4004-9

www.arsedition.de

Inhalt

Oskar, der Möhrendieb

Lea  ist sehr aufgeregt.

Dort kommt das  mit dem .

Papa  öffnet den 

und heraus kommt ihr !

„Dein  heißt Oskar“, sagt .

Vorsichtig geht  auf  zu

und krault ihm die .

„Ich werde gut für  sorgen“,

verspricht  .

 lacht und sagt:

„Sei vorsichtig!  ist frech.“

Aber  zeigt  einen  .

Sie führt  auf die 

und bringt ihm einen  mit  .

Sie bürstet  sorgfältig.

und kämmt seine 

mit einem riesigen  .

Bis die  untergeht,

bleibt  bei ihrem .

Dann bringt ihm  noch eine .

„Schlaf gut“, sagt  und geht ins .

Als  aufwacht,

schaut sie gleich aus dem .

Oh je!  steht mitten im !

Hat  das  etwa offen gelassen?

Schnell flitzt  hinaus.

Der  sieht aus,

als hätte sich hier ein  gewälzt!

 schimpft mit 

und scheucht ihn aus dem  .

Gut, dass  und  noch schlafen!

 buddelt die  wieder ein

und harkt die 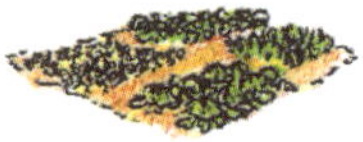 glatt.

Die abgeknickten 

stellt  in eine .

Doch was ist das?

Der freche  steht hinterm 

und zupft übermütig

die  von der !

Kamm

Radieschen

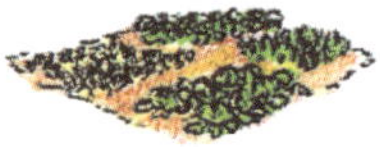

Beete

Eimer

Möhre

Anhänger

Papa

Blumen

Wäsche

Mama

Dinosaurier

Sonne

Garten

Vogel

Haus

Gartentor

Weide

Auto

Mähne

Bett

Vase

Fenster

Leine

Wasser

Pony Oskar

Lea

Leb wohl, kleines Pony!

Der  ist in der  !

Anna  und Kati  flitzen los.

Gleich hinter dem großen 

sind die  .

Ein  döst in einem  .

Zwei kleine  tollen

hinter einem  auf der  .

„Da ist sogar ein  !“, ruft  .

Aber  hat nur  für die  .

Auf einem  steht:

„  dürfen auf den  reiten.“

Da sagt : „Die armen .

Es ist so warm und ständig

müssen sie im  laufen."

Das kleine 

mit dem schwarzen 

sieht besonders traurig aus.

 und  stehen am 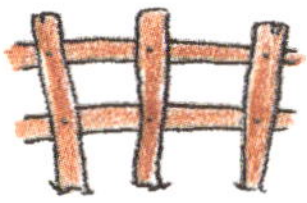

und kraulen das schwarze .

„Sei nicht traurig, “, sagt .

„Morgen bringen wir dir einen .“

Als  und  wieder kommen,

frisst das  gierig den .

 und  hocken sich

ins hohe .

Das  spitzt die ,

wenn sie mit der  schnalzen.

Als  und 

wieder den  besuchen,

hebt das  den 

und scharrt mit den .

„Es erkennt uns“, sagt .

Sie streichelt das zottelige 

und die lange .

Das  schnaubt zufrieden.

Doch dann

ist der  wieder fort.

Traurig hält  den  in der .

 tröstet :

„In der nächsten 

sind bestimmt auch zwei , die dem  einen  bringen.“

„Bestimmt“, sagt  und flüstert:

„Leb wohl, kleines .“

Kreis

Apfel

Hand

Schild

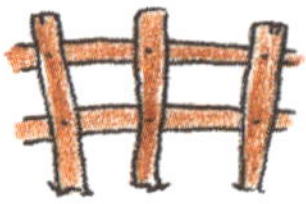
Zaun

Fell

Kati

Gras

Kinder

Kopf

Bären

Ponys

Hufe

Elefant

Augen

Zunge

Zirkuszelt

Ohren

Käfig

Tiere

Mähne

Löwe

Anna

Wiese

Zirkus

Stadt

Pony

Simon traut sich

Simon , Paul  und Hans 

besuchen mit Mama  und Papa 

einen .

,  und  freuen sich

besonders auf die .

Kaum sind sie auf dem ,

da haben  und 

schon den 

das  angelegt

und sitzen fest im 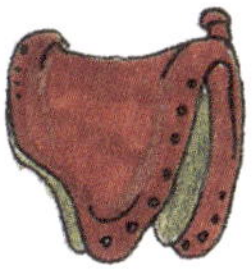.

Doch  traut sich nicht, zu reiten.

Als  ein  streicheln will,

wirft es wild den  hoch

und wiehert laut.

 erschrickt.

Er bleibt lieber hinter dem .

Die  haben so große 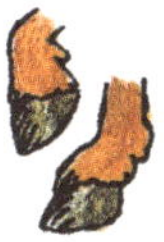!

Sie könnten 

mit den  schlagen

oder ihn umrennen.

 und  lachen  aus.

„Alter Angst-!“, rufen sie.

„Mach dir ja nicht in die  !“

 und  sind gemein, denkt  .

 und  jaulen wie  .

Sie traben und galoppieren,

bis  ruft.

Längst schon scheint der ,

als  heimlich

aus seinem  steigt.

 und  schlafen fest.

Leise schleicht  zum .

Der  scheint auf die .

Schön ist das!, denkt  .

Neugierig kommen die 

zum  .

Die  sind ganz friedlich.

Jetzt sind  und  nicht dabei.

Da traut sich 

und gibt den 

 auf der flachen  .

Nun streichelt  die  .

Gar nicht schlimm!, denkt 

und steigt über den .

 flüstert: „Vielleicht

setz ich mich morgen in den 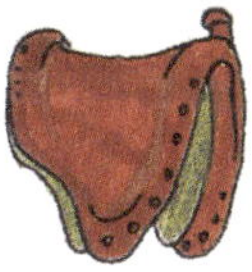!“

Papa

Äpfel

Mond

Bett

Zaumzeug

Cowboys

Paul

Ponys

Hose

Reiterhof

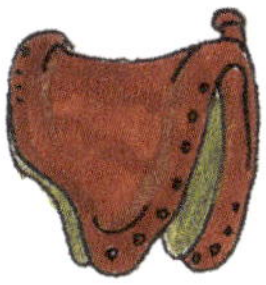
Sattel

Hand

Kopf

Mama

Simon

Hase

Gatter

Hufe

Pony

Hans

Was ist nur mit Stella los?

Stella  steht unter einem 

im  und

lässt den  hängen.

Ihre  tropft.

„Was ist denn nur mit  los?“,

fragt Klara .

Papa  macht ein besorgtes .

„Ich glaube,  ist krank“,

sagt  .

„Wir bringen  in den  .“

Dann rufen  und  sofort

den  an.

Der  kommt schnell.

Mit einem 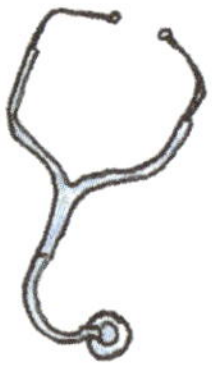 horcht er  ab.

Er schaut ihr in die 

und ins .

Dann steckt der 

 ein  in den .

„Was hat  denn?“, fragt .

Der  gibt 

eine 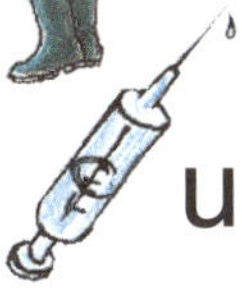 und sagt:

„ hat sich nur

ein bisschen erkältet.

Jetzt musst du für 

die  spielen."

„Das kann ich!", ruft .

„Muss  denn im  bleiben?"

„Nein", sagt der .

„Geh mit  spazieren.

Die  tut ihr gut."

 fasst 

beim 

und führt sie umher.

Danach reibt sie 

mit  ab.

 gibt frisches  ins ,

holt frisches 

und bringt  leckere ,

denn  sind gesund.

 flüstert  ins :

„Ich bleibe bei dir im ,

bis es dir besser geht.“

Bald darauf findet  ,

dass  wieder fröhlicher aussieht.

 lacht und lobt  :

„Eine prima  -  bist du!“

Nüster

Schatten

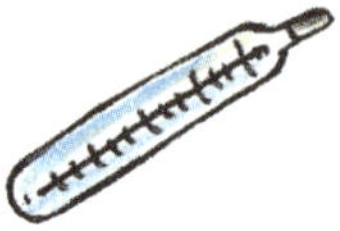
Thermometer

Maul

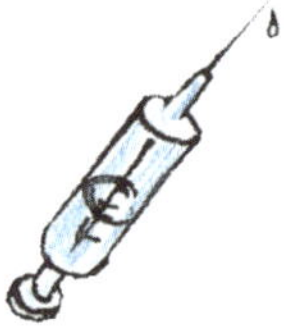
Spritze

Kopf

Klara

Möhren

Papa

Sonne

Wasser

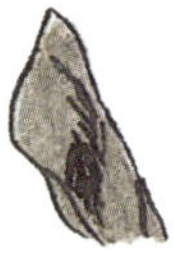
Ohr

Gesicht

Heu

Netz

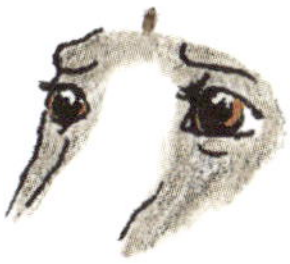
Augen

Stall

Kranken-
schwester

Baum

Tierarzt

Stella

Halfter

Po

Stroh

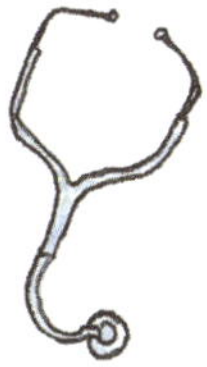
Stethoskop